UNE

POINTE EN ESPAGNE

PAR

R.-F. LEMESLE

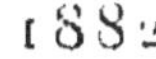

PARIS

IMPRIMÉ PAR PILLET ET DUMOULIN

5, RUE DES GRANDS-AUGUSTINS, 5

—

1882

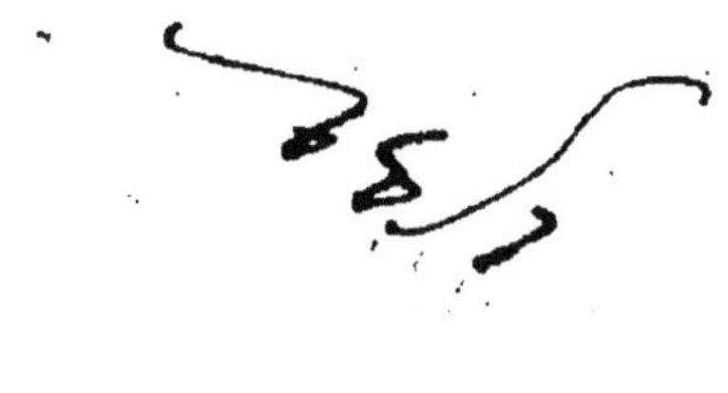

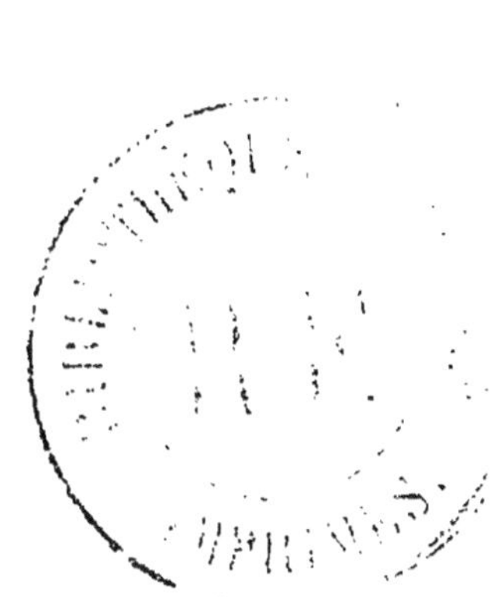

UNE

POINTE EN ESPAGNE

UNE

POINTE EN ESPAGNE

PAR

R.-F. LEMESLE

PARIS

IMPRIMÉ PAR PILLET ET DUMOULIN

5, RUE DES GRANDS-AUGUSTINS, 5

—

1882

AVANT-PROPOS

Les vieillards ne vivent que dans le passé. Craignant de voir s'effacer entièrement des souvenirs qui me sont agréables, j'ai écrit cette bluette avec la pensée de ne la communiquer qu'à ceux des miens qui pourraient prendre intérêt à ce qui me concerne.

UNE

POINTE EN ESPAGNE

A l'instigation de M. A. Chevalier, mon oncle, j'avais pris quelques actions dans une Société connue sous le nom de Société des Mines d'Huelva, dont l'exploitation est située sur la limite de l'Espagne et du Portugal. Les débuts de cette entreprise, aujourd'hui en pleine prospérité, ont été difficiles : les frais de premier établissement avaient été considérables, sans résultats avantageux ; ce qui fit naître chez quelques-uns de ses fondateurs la pensée d'aller vérifier sur place l'état de ces mines. Mon oncle, dont la bonté pour les miens et pour moi ne s'est jamais démentie, était du nombre ; il me proposa de l'accompagner dans son voyage, ce que j'acceptai avec empressement, et le 15 octobre 1857 fut l'heureux jour où mon oncle, M. Gravelle, son ami intime, et moi, partions pour l'Espagne, en compagnie de M. et Mme Garnier-Pagès, qui ne nous quittèrent qu'à la veille de notre retour en France.

Je confesse qu'au départ j'étais en grand émoi : lors de ma sortie du collège, l'école dite romantique faisait florès, il n'était question dans ses livres que de l'Espagne, des splendeurs de son ciel bleu, des bonnes lames de Tolède, des Gitanes, des Andalouses au sein bruni, des combats de taureaux et autres curiosités locales aussi merveilleuses; bref, tout ce qui provenait de ce pays était à la mode et les succès chorégraphiques des demoiselles Noblet, des Essler, des Dolorès qui avaient initié Paris aux beautés de la cachucha et du bolero, avaient monté toutes les têtes. J'avais partagé cet engouement avec les jeunes de ce temps-là, de façon qu'encore bien qu'en 1857 j'eusse déjà atteint la quarantaine, ces souvenirs de jeunesse, joints à mon amour du pittoresque, avaient excité mon enthousiasme, je partais pour cet Eldorado l'imagination pleine d'illusions.

Le premier jour de notre arrivée me donna un avant-goût des déceptions qui nous attendaient : de Paris à Perpignan, nous avions voyagé confortablement établis dans d'excellents wagons, regrettant néanmoins la rapidité des chemins de fer qui nous faisait perdre les beautés du paysage ; heureusement l'Espagne, elle, ne possédait encore que fort peu de chemins de fer, nous nous rattraperions de ce côté. Effectivement, il nous fallut franchir la frontière dans une lourde diligence, qui mit la nuit entière à nous hisser jusqu'au col de la montagne. Cette ascension se fit de nuit, par une gelée intense qui nous fit mettre pied à terre pour nous réchauffer, et c'est en soufflant dans nos doigts que nous avons pénétré dans ce climat de feu, terme consacré.

Toute mauvaise que fût cette diligence, le mode de locomotion à l'usage du pays nous la fit promptement regretter, encore bien que la première voiture dont nous nous sommes servis, à la descente de la montagne, fût le *Correro real*, le Courrier royal, qui, malgré son installation primitive, est encore le meilleur véhicule du pays. Ce *Correro real* mérite une mention toute particulière, parce qu'il est resté le type des messageries nationales partout où il n'y a pas de voies de fer, c'est-à-dire dans la plus grande partie du pays. C'est tout un attirail, avec un petit état-major et une escorte peu rassurante pour nous. Le corps principal de la voiture ressemble aux anciennes malles-poste de France. Il se compose, sur le devant, d'un cabriolet ouvert, d'un intérieur pouvant contenir cinq ou six personnes et d'une caisse à dépêches, le tout traîné par huit mules efflanquées, attelées deux à deux. Le cabriolet était occupé par le *Majoral*, autrement dit, une façon de conducteur rehaussé d'un pouvoir absolu pour la conduite du courrier. Il dirige spécialement les dernières mules de l'attelage ; ce *Majoral* est aidé par un postillon dit l'*Escopetero* qui monte la mule de tête, et par un troisième individu nommé *Zagal* qui suit à pied, courant de droite et de gauche autour de l'attelage ; sa mission est de stimuler à coups de pierre et de bâton les pauvres bêtes qui s'attardent.

A peine avions-nous pris place dans la voiture, que deux gardes civils armés de carabines montèrent près du *Majoral* et nous firent songer aux histoires de brigands qui ont cours dans cet heureux pays. Pour cette fois, nous avions tort : on nous expliqua qu'alors qu'il y a des troubles dans le pays, les gardes civils quittent la ville pour la campagne et ont mission d'escorter le courrier, d'où il résulte, disait-on, que les grandes routes sont plus sûres aux jours de troubles qu'en temps de paix. Cette logique laisse quelque peu à désirer, nous allions risquer quelques objections : Oh ! mais, soyez bien tranquilles, ajoutait-on ; en cas d'attaque sur la route, le strict devoir des gardes civils est de faire feu sur les assaillants ; quel qu'en soi le nombre, il leur est enjoint de faire feu, et ce, sous les peines les plus sévères. C'était, comme on voit, de plus en plus rassurant. Quoi qu'il en soit, le fait est que notre voyage s'est effectué sans la moindre petite arrestation ; si bien qu'étant sur le retour, M. Chevalier, avide d'émotions, s'écriait qu'il donnerait 500 fr. pour être arrêté ; sa malechance a fait que ce vœu téméraire ne fut entendu par personne autre que nous.

Plus tard, nous devions apprendre qu'en effet la garde civile est le corps le mieux composé de l'armée, que son pouvoir est presque absolu pour ce qui regarde la police des routes, qu'il va, dans certains cas de flagrant délit, jusqu'à fusiller les malfaiteurs sur le bord du chemin ; bref, cette garde civile rend de grands services, elle est respectée de tous. Son uniforme est simple et beau ; il se compose d'un tricorne galonné en argent, d'un habit vert foncé à larges manches avec plastron et buffleteries jaunes, et d'un court manteau, vert aussi, très ample, descendant aux genoux.

C'est escortés de la sorte qu'après avoir traversé des bois détruits plutôt que ravagés par les communes qui en ont la jouissance, nous avons atteint dans la matinée Lajonquières, premier village espagnol où nous devions nous arrêter, expression dont nous ne soupçonnions pas la justesse, et déjeuner. Chaque chose, en Espagne, et spécialement les voyages par voie de terre, se fait posément, tranquillement, et comme il convient à des gens qui ne quittent pas la cigarette de la bouche. Pour peu que le voyage soit de quelque durée et que le relais de poste soit établi dans un centre de quelque importance, on s'y arrête plus ou moins, plutôt trop que pas assez, afin de donner aux voyageurs la possibilité de vaquer à leurs affaires. La durée du temps d'arrêt n'est pas fixée d'avance, on s'attend les uns les autres, et on repart quand tout le monde est revenu, tant pis pour les gens pressés. C'est grâce à la latitude qui nous fut accordée à Cordoue qu'il nous fut possible de visiter la ville.

Pour ce qui est du temps d'arrêt, on voit qu'il était réel, trop réel même pour ceux qui n'ont pas de temps à perdre ; on n'en saurait dire autant du déjeuner. En entrant dans la salle à manger de la *fonda*, lisez auberge, j'avais aperçu une douzaine de petits verres à liqueurs flanqués d'un biscuit à la cuiller ; je pensai que l'usage était sans doute, avant de déjeuner, de stimuler l'estomac par un apéritif quelconque, et *in petto* je trouvais qu'après

une nuit de fatigue ce stimulant était plus que superflu, quand une servante vint emplir ces petits
verres d'un chocolat à la cannelle assez épais, dans
lequel nos voisins trempèrent un biscuit, le tout
assaisonné d'un verre d'eau. Affamés comme nous
l'étions tous, nous attendions impatiemment le
surplus ou pour mieux dire un véritable déjeuner,
quand, à mon grand ébahissement, nos voisins quittèrent la table, satisfaits, du moins en apparence, de
cette gorgée de chocolat qui aurait à peine rempli
deux ou trois dés à coudre. M. Garnier-Pagès, ayant
déjà voyagé dans ce bienheureux pays, était au courant des usages ; il m'expliqua qu'il en serait partout de même, et que nous ne trouverions rien de
plus à l'auberge. Je crus d'abord à une mystifica-
tion, mais ne voyant rien venir, comme sœur Anne,
force me fut d'accepter l'explication comme vraie,
sinon comme satisfaisante. Dès lors, je fis signe à
la servante de me verser un second petit verre de
chocolat, ce qui la mit en belle humeur et fit chu-
choter le reste de la compagnie. Mais en ayant de-
mandé un troisième pour apaiser ma fringale, un
rire homérique partit de tous les coins de la salle :
je passai incontinent pour un Gargantua manquant
à toutes les convenances.

Ce début assez triste pour mon estomac et mon

amour-propre n'était pas la seule épreuve qui m'était réservée à cette première étape. Pour utiliser le temps d'arrêt obligé, j'imaginai d'entrer dans une église. Il y avait un convoi; à peine avais-je fait quelques pas dans la nef, que l'un des personnages paraissant jouer un rôle important dans la cérémonie, me prenant probablement pour un invité, se détacha de la foule et vint me mettre en main un gros cierge de cire pareil à ceux que portaient les assistants. Ne parlant pas l'espagnol, je ne pus refuser ce maudit cierge, non plus qu'expliquer ma présence, et me voilà planté comme un *i* au milieu de l'église, n'osant ni reculer ni avancer de crainte de faire quelque nouvelle incongruité et de froisser quelque susceptibilité, peut-être bien quelqu'un de ceux qui m'avaient déjà vu opérer si malheureusement à la *fonda*. Toutefois, aux coups de fouet répétés du postillon, je reconnus l'appel fait aux voyageurs : ce qui me décida, marchant sur la pointe des pieds, à porter mon cierge dans un coin de l'église et à m'éclipser sans regarder en arrière et sans autre suite pour mon équipée.

Nous repartions pour Figuières, ville frontière où aurait lieu notre seconde station. Malgré les renseignements qui m'avaient été donnés le matin à l'occasion des petits verres de chocolat, j'avais peine à croire que d'honnêtes personnes disposées à ne rien marchander pour satisfaire leur appétit en fussent réduites à se contenter d'une aussi maigre pitance que celle du déjeuner, surtout alors qu'il s'agissait de passer plusieurs journées consécutives en voiture. La lumière sur ce point important ne se fit pas attendre. Notre premier dîner ou mieux notre souper, vu l'heure avancée du soir, ne fut guère plus réconfortant que le prétendu repas du matin : il nous fallait combler le vide creusé par douze ou quinze heures d'abstinence. On nous servit, sous prétexte de potage, je ne sais quel affreux liquide au fromage et à l'oignon avec du biscuit trempé, puis des œufs à la tripe suivis d'une sorte de pot-bouille à l'oignon aussi, toujours à l'oignon, avec quelques débris d'oie voguant deci, delà dans la terrine, ayant nom d'*olla podrida*, et partout de même, à chaque relais la satanée *olla podrida* : de viande rôtie, jamais ! Oh, chers amis ! si, par impossible, vous vous sentiez chargés de viande, comme dirait Rabelais, point d'hésitation, partez pour l'Espagne, et pour peu que vous y séjourniez quelques semaines, soyez assurés qu'à votre retour vous aurez reconquis toute souplesse et agilité de corps ; plus ne sera question d'obésité ni de pesanteur d'estomac, si vous êtes parvenus à digérer cette cuisine d'au delà des Pyrénées. Mme Pagès, heureusement (les femmes sont la providence des affamés), avait songé, lors de notre passage à Montélimart, à faire provision de nougats avec lesquels nous avons calmé les angoisses de la faim durant les longs intervalles de nos repas. Ainsi fixés sur la nature de la diète forcée à laquelle nous étions condamnés, nous ne montions plus désormais en voiture que les poches garnies d'œufs et de jambon, seules ressources du pays, précaution spécialement recommandée aux touristes qui ne veulent pas souffrir de la faim. Assurément cette pénurie ne fait pas honneur à la cuisine espagnole, mais il faut reconnaître néanmoins qu'elle fait l'éloge de la frugalité des indigènes, qui s'arrangent de cet état de choses sans pouvoir se résoudre à faire le moindre effort pour l'améliorer. Il est de fait que cette sobriété est proverbiale. L'ouvrier espagnol, le soldat, se contentent, pour vivre des journées entières, soit d'un biscuit trempé dans de l'eau vinaigrée, soit d'une ou deux sardines, soit encore d'un peu de chocolat; pourvu qu'ils puissent fumer la cigarette, le reste leur semble superflu.

Ordinairement les gens du peuple ne boivent

pas de vin; durant tout le cours de notre voyage, nous n'avons pas vu un seul homme ivre sur la voie publique. Cette abstention provient en partie de la coutume mauresque, en partie aussi de ce que le vin d'Espagne étant très capiteux, l'abus sinon l'usage qu'on en pourrait faire nuirait à la santé : voilà de la sagesse s'il en fut! J'aimerais à croire à la sagesse des nations : aussi j'ose à peine insinuer que la pauvreté de la population et la mauvaise odeur que donnent au vin les outres dans lesquelles on le transporte pourraient bien entrer pour quelque chose dans cette retenue exemplaire.

Quoi qu'il en soit, il y aurait lieu de s'étonner qu'en plein XIXe siècle il soit encore question d'outre. C'est qu'à défaut de l'industrie et du commerce qui sont à peu près nuls, sauf dans quelques villes fort clairsemées, telles que Barcelone, Valence, Cadix, Séville et Santander, le mode de transport à l'intérieur est resté à l'état primitif, à ce point que les tonneaux sont pour ainsi dire inconnus; on n'en rencontre pas sur les voies de terre, et on considère comme des objets de luxe ceux que le hasard met en vue. C'est en raison de cette rareté qu'à Cordoue nous avons vu exposés dans une vitrine de petits barils qui passaient pour des objets de curiosité.

La rapidité de notre passage à Figuières ne nous
a pas permis de visiter la ville. La garnison en
armes était sur la voie publique, l'équipement des
soldats laissait fort à désirer, leur tenue était déplorable. Ces hommes étaient dépenaillés, ils man-
quaient de chaussures ; nous nous apitoyions sur
leur sort, mais on nous a assuré que la plupart
d'entre eux préféraient marcher pieds nus. Je dois
dire qu'en effet ils ne paraissaient pas en souffrir
le moins du monde.

La journée était déjà fort avancée lors de notre
arrivée à Girone. A peine eûmes-nous le temps
d'aller jusqu'à l'église, passant au travers de rues
extrêmement étroites, sombres, tortueuses, mon-
tantes au point de nécessiter des escaliers. La nuit
était venue, il n'était plus possible de voir l'église,
non plus que le reste de la ville qui n'était pas
éclairée. Je le regrettai d'autant plus vivement
qu'elle paraissait très pittoresque et que nous allions
voyager la nuit pour gagner Barcelone.

Une surprise nous attendait dans la capitale de
la Catalogne. Il y avait réjouissances publiques
pour fêter la naissance d'Alphonse XII, aujourd'hui
roi d'Espagne. Notre bonne fortune allait nous
permettre, dès le début, de juger des coutumes
locales. Les fêtes publiques se ressemblent en deçà

comme au delà des monts ; on annonçait des prières publiques, une revue, des illuminations. Aussi étions-nous, de prime abord, restés assez froids devant le programme, jusqu'à ce que nos yeux tombassent sur les mots magiques : *Danses nationales*. Danses nationales ! et tout d'un coup de songer aux Essler, aux Dolorès qui nous avaient charmés jadis. Mais qu'était-ce que leur danse revue, corrigée et expurgée, au prix de cette *furia* espagnole, de cet entrain endiablé que nous promettaient nos auteurs ! Nous allions donc, nous aussi, jouir *de visu* des prouesses de ces jarrets d'acier, de ces cambrures invraisemblables, de ces poses abracadabrantes que notre peintre Giraud avait rendues populaires. Il fallait en rabattre : pas la moindre gitana, pas même une simple mortelle ne figurait au quadrille ; une douzaine de patauds, vêtus de drap couleur de suie se tenaient par le petit doigt, en rond, levant lourdement tantôt une jambe, tantôt l'autre, puis se balançaient à droite et à gauche tranquillement, posément, dodelinant de la tête, nasillant d'une voix traînarde je ne sais quel refrain à porter le diable en terre, au son d'un flageolet et d'un tambourin accroché au bouton d'un benêt marquant la mesure de *tu, tu, pan, pan*, interminables. Mais à quoi bon insister ! vous connaissez cet orchestre, vous l'avez entendu cent fois faisant sauter les marionnettes et les chiens savants qui faisaient la joie de votre jeune âge. Amère déception, c'était à regretter la bourrée des Auvergnats !

Toute autre fut l'impression que nous laissa la revue; l'air fier, martial, la belle tenue du détachement de la garde royale qui y figurait, nous frappèrent. Les hommes qui le composaient, tous grands, secs, nerveux ou fort élégants, avaient un cachet de distinction que je n'ai jamais revu ailleurs. A la vue de pareils soldats, on comprenait que leurs aînés aient pu avoir raison de l'Europe entière, et qu'eux-mêmes bien commandés en deviendraient encore les maîtres, s'ils le voulaient. Il faut sans doute attribuer l'aisance de leurs manières à l'ampleur de leur uniforme, rien de serré, rien d'étriqué qui gêne leurs mouvements. Ils faisaient contraste en tous points avec les troupes de Figuières.

Après la revue eut lieu le défilé des autorités, magistrats et fonctionnaires allant faire une visite officielle au duc de Montpensier, qui lui-même de passage à Barcelone allait complimenter la reine, sa belle-sœur, de son heureuse délivrance. A voir tous ces gens, tout de noir habillés, en rabats en guipure, en manchettes remontant au coude, coiffés de chapeaux à larges bords, une longue canne de jonc à la main, on pouvait croire à la résurrection des magistrats de la ville d'Amsterdam pourtraicturés par Van der Helst, dont le tableau original est au Louvre sous le numéro 197.

Je n'aurais rien à dire des illuminations qui étaient à peu près nulles, si la foule que nous suivions ne nous eût conduits devant un établissement qui paraissait être l'hôtel de ville. Là s'étalait un spectacle nouveau pour nous. Les portraits de la reine et de son auguste époux étaient appendus sous un balcon éclairé par des cierges et des torches ; deux gardiens de la ville, l'épée haute à la main, étaient plantés de droite et de gauche.

A part la joie de contempler la figure des souverains, nous ne comprenions pas trop ce que ce spectacle pouvait avoir d'attrayant pour la foule ; néanmoins, tous ces gens, bouche béante, semblaient en extase devant une chose dont l'intérêt nous échappait *à priori*. Je devais l'apprendre à mes dépens : curieux de savoir de quoi il s'agissait, nous attendions depuis un certain temps que la lumière se fît, quand M. Chevalier nous fit remarquer l'immobilité des gardiens. « Parbleu, il n'y a rien qui m'étonne, ce sont des mannequins. — Oh non, par exemple, ce sont bien des hommes en chair et en os, comme vous et moi. Eh bien, parions que vous êtes dans l'erreur. » — L'enjeu fut une bouteille de xérès que j'eus à payer à la première occasion. Nous devions apprendre plus tard que c'est la gloire d'un Espagnol de faire montre de la force de résistance exceptionnelle dont sont doués les gens du pays ; sans une circonstance imprévue qui obligea l'un de ces gardiens à fermer l'œil, nous en serions encore, je crois, à juger qui de nous avait gagné son pari.

Il y avait spectacle au Théâtre-Royal, en l'honneur du duc de Montpensier. M. Garnier-Pagès usa de son crédit auprès des personnages avec lesquels il était en relations d'affaires, pour nous procurer des places à cette représentation de gala. Car, suivant la coutume locale, pour prendre rang parmi les spectateurs, il ne suffit pas d'être porteur d'un billet d'entrée payé à la porte, il faut en outre prendre un second billet, dit de place, qu'on n'achète qu'avec la certitude d'être placé.

Le théâtre de Barcelone passe pour être le plus vaste du monde ; il peut, dit-on, contenir 10,000 personnes, c'est peut-être trop de moitié ; quoi qu'il en soit, la salle de spectacle nous a paru fort grande, médiocrement décorée et mal agencée ; les spectateurs des loges y sont placés de côté, la moitié d'entre eux tournent le dos à la scène : je parle,

bien entendu, des loges autres que celles entièrement de face, d'où la nécessité pour ceux qui occu-
pent la même loge de changer de côté entre les
ent'ractes, de façon à faire face à la scène chacun à
tour de rôle. On y jouait un opéra, je ne sais plus
lequel; mais je ne saurais oublier le second exemple qui nous a frappés de la force de résistance des
gens du pays. On avait mis des sentinelles en fac-
tion sur la scène, en raison de la présence du prince.
Ces soldats étaient là campés dans une immobilité
complète, présentant les armes. J'en ai vu rester
dans cette position plus de vingt minutes durant,
montre en main; ces pauvres diables rentrés dans
la coulisse étaient à bout de forces, leur fusil leur
tombait des mains. C'était là la punition que le
grand Frédéric de Prusse infligeait aux soldats
dont il avait à se plaindre.

La force de résistance de ces gens-là est réelle-
ment prodigieuse; nous avions déjà été à même
d'apprécier la vigueur de ces *Zagals* courant par
la grande chaleur pendant des lieues entières autour du *Correro real*. Quelques semaines après,
nous avons vu un même postillon nous ramener
de Cordoue à Madrid, restant en selle plus de deux
jours et deux nuits consécutifs, et cela sans nécessité aucune. A quoi bon, en effet, infliger aux gens

de pareilles fatigues ; puisqu'on relayait souvent les mules, pourquoi ne pas changer aussi le postillon !

Notre soirée se termina par la visite du foyer, où se trouvait exposé un gâteau monstre, représentant l'intérieur de la salle de spectacle, sorte de petit chef-d'œuvre exécuté et offert à Son Altesse Royale par un des pâtissiers de la ville.

Le lendemain fut consacré à la visite de la cité ; elle est presque toute moderne, sans couleur locale et fort semblable à nos villes de France ; elle est moins peuplée que Madrid, mais elle est la plus industrieuse du pays. A part deux ou trois églises et le palais ducal, qui ont un cachet particulier, avec le port qui est magnifique, le reste de la ville est sans intérêt ou de mauvais goût, y compris les établissements façon mauresque qui bordent le cours conduisant à la citadelle, et le fameux marché à galeries de marbre, singeant les galeries du Palais-Royal de Paris dont il n'est qu'une copie fort réduite.

Ainsi que dans toute la Catalogne, une grande partie des maisons de la ville sont couvertes de peintures à grands ramages, semblables à nos papiers peints. Les artistes de la localité ne connaissent aucun obstacle, rien n'est plus commun que de voir sur la façade des maisons des chevaux verts, jaunes ou rouges ; que voulez-vous ? tous les intérieurs des vieilles maisons mauresques étant décorés de faïences vertes, jaunes et rouges, il est clair qu'on doit peindre les chevaux du même ton.

Dès notre entrée à Barcelone, j'avais remarqué une odeur singulière, pénétrante, qui nous poursuivait partout, comme celle de la marée dans les ports de mer. Cette odeur, fort désagréable, du reste, ne ressemblait à aucune de celles que nous connaissions, d'où pouvait-elle provenir ? Nous ne l'eussions jamais deviné, si le hasard ne m'eût fait découvrir tout le mystère : j'avais suivi nos compagnons de voyage allant visiter le fort Montjeuj ; j'étais resté dans la voiture qui nous avait amenés jusqu'au pied de la hauteur sur laquelle ce fort est construit, et je sentais plus fort que jamais cette odeur écœurante, lorsque je vis le cocher retirer de la caisse de notre voiture des gousses semblables à celles de l'acacia, mais beaucoup plus longues et plus grosses ; il en donnait à ses chevaux et il en mangeait lui-même. Désormais j'étais fixé : c'était des caroubes qui empestaient de la sorte. Comme les animaux et même les hommes en mangent, il s'ensuit qu'on rencontre partout des détritus de caroubes, sur les routes, dans les rues, parmi les engrais dans la plaine, en sorte que cette odeur se répand de tous côtés et se renouvelle sans cesse.

Le costume du Catalan n'a rien de particulier, il est semblable au nôtre, sauf la coiffure des gens du peuple : elle consiste en un chapeau de feutre noir, élevé, ayant la forme d'un cône tronqué avec de larges bords relevés faisant bourrelet, avec un pompon noir sur le devant en haut de la coiffure ; ce chapeau n'est ni beau ni commode, il est lourd ; ceux qui le portent se servent d'une ganse pour le maintenir sur la tête.

Les femmes vont tête nue avec de grands accroche-cœurs, les cheveux retenus par un peigne en écaille très haut. Le complément obligé de cette coiffure est un voile noir ouvragé descendant au-dessous de la taille, avec un châle jaune sale par dessous.

De Barcelone à Valence, on longe le littoral de la Méditerranée ; le pays est beau, il est borné à l'horizon par un fond de montagnes pittoresques. C'est une succession de plaines fertiles couvertes de grands oliviers au feuillage vert gris et de caroubiers plantés en lignes parallèles comme les pommiers de la Normandie ; malgré la vigueur de leur végétation, ces arbres donnent au paysage un aspect monotone, fatigant pour le voyageur.

Tarragone et Tortose sont les deux villes importantes de la route; l'intérieur de la cathédrale de Tarragone est admirable. Cette église est, avec celles de Séville, Burgos, Valence et Tolède, une des cinq ou six églises remarquables de la Péninsule.

La nuit qui a précédé notre arrivée à Valence nous fit témoins d'un spectacle dont, pour ma part, je n'avais jamais entendu parler, celui d'un arc-en-ciel lunaire. Cet arc-en-ciel est semblable pour la forme à ceux du jour, mais non pour la couleur qui était blanche, sans grand éclat, quoique parfaitement accusée. En l'examinant, nous sentions comme de légers souffles nous effleurer la figure et les mains, puis des démangeaisons assez vives pour nous tenir éveillés le reste de la nuit; nous venions de faire connaissance avec les moustiques. La piqûre de ces maudites petites bêtes est moins douloureuse peut-être que celle des cousins, mais à coup sûr beaucoup plus désagréable, en ce que les marques qui s'ensuivent persistent au moins une quinzaine de jours, durant lesquels leurs victimes sembleraient avoir été atteintes de la petite vérole.

On sent, en approchant de Valence, qu'on entre dans un milieu tout différent de celui qu'on vient de quitter. De prime abord, on est frappé de la beauté de la population. Les hommes ont l'air énergique, dégagé ; ils portent la veste sur l'épaule, une ceinture brune ou bleue leur enveloppant le ventre, avec un large caleçon descendant aux genoux, la jambe nue ou garnie d'une jambière collante ; un chapeau mou pointu complète le costume. D'épais favoris encadrent leur figure et rehaussent encore l'énergie de leurs traits.

Tous de belle taille, hommes et femmes ont le nez droit, bien fait, le teint chaud, vif, coloré avec un port de statue antique ; c'est là que je voudrais prendre mes modèles, si j'avais à peindre une page d'histoire ancienne.

Les hommes ont coutume de porter leurs enfants sur les bras. C'est merveille de voir la jolie petite frimousse des bambins à moitié perdue dans les gros favoris des papas. Contraste charmant à donner en exemple aux Parisiens qui rougiraient d'être rencontrés avec des enfants dans les bras.

Les femmes, elles, portent leurs enfants sur le côté, à cheval sur la hanche.

On se croirait reporté à quatre ou cinq siècles en arrière à la vue de cette ville, elle est encore entourée des hautes murailles qui la défendaient au temps du Cid. Je doute qu'il existe ailleurs une enceinte aussi bien conservée, on n'y voit pas la moindre brèche.

Valence est le chef-lieu de la province qui porte son nom ; elle est bâtie sur les bords du Guadalaviar, au milieu d'une campagne fertile ; sa population est de 70,000 âmes environ. Elle est une des rares villes industrieuses de l'Espagne. Sa bibliothèque, ses écoles de médecine, d'agriculture, des beaux-arts, sa magnifique cathédrale, ses promenades publiques lui donnent le caractère d'une véritable capitale.

Il n'y a pas moins de cinq ponts sur le Guadalaviar, ce qui ne laisse pas d'étonner les touristes, parce que le lit de cette rivière amplement garni de pierres est sans eau. Il reste en cet état durant onze mois de l'année ; mais arrivent les grandes pluies du printemps et de l'automne, la rivière devient torrent et roule des eaux bourbeuses qui disparaissent presque en totalité au retour du beau temps. Il en est de même de toutes les rivières d'Espagne, mais le manque d'eau qui provient des conditions atmosphériques du pays se fait sentir à Valence d'une manière plus sensible qu'ailleurs en raison de la prise d'eau nécessitée par la culture des orangers qui entourent la ville.

La cathédrale de Valence passe avec raison pour l'une des plus belles du royaume. Le chœur, comme celui des autres églises du pays, est exclusivement réservé au clergé ; il est séparé de la partie principale de la nef par des grilles fermées laissant à peine au public des fidèles la possibilité d'apercevoir l'autel. Il n'y a pas de chaises dans l'église, ce qui lui est aussi commun avec toutes les autres : les femmes apportent des paillassons pour s'agenouiller, les hommes restent debout.

Puis, singularité au moins étrange, sinon choquante, cette cathédrale est aussi un véritable musée ; elle renferme des tableaux de toutes sortes, le profane y dispute la place aux saintetés, au point que derrière le rétable du maître-autel, j'ai remarqué le tableau si connu de Valentin, représentant des gens jouant et trichant aux cartes ; c'est aussi dans le couvent de la Merced que se tient l'école de médecine. C'est dans l'amphithéâtre de cette école qu'est placé le chef-d'œuvre de Ribera, le martyre de saint Sébastien. Certes, en présence de pareils faits, on ne saurait taxer le clergé d'intolérance, malgré la place réservée qu'il s'est faite dans le chœur des églises.

Les grilles qui ferment le chœur de la cathédrale de Valence sont ornées de têtes de Sarrazins fichées dans des fers de lance et font le pendant d'une tête pareille accrochée sous l'orgue de l'église Santa-Maria del Mar, à Barcelone ; elles sont là comme un trophée perpétuant le souvenir du vif sentiment de délivrance qui suivit l'expulsion des Maures à la fin du xve siècle.

Le Grao, qu'on cite comme étant le port de Valence, n'est rien autre que la rade d'une bourgade de ce nom, située à quelques kilomètres de la ville; on y arrive par une large avenue plantée de beaux arbres. Le pont qui traverse la rivière en tête de cette avenue est magnifique ; il est décoré de statues, de colonnes et divers autres ornements qui en font un des monuments curieux de l'Espagne. Nous sommes allés au Grao en tartane, voiture du pays peu suspendue, de forme basse, assez semblable à une petite voiture de maraîcher, couverte d'une simple toile écrue traversée par les rayons d'un soleil ardent. La vue de la mer nous ayant paru le seul spectacle digne d'intérêt au Grao, nous sommes prestement revenus en ville, alléchés par l'espoir d'assister à un combat de taureaux.

Une foule compacte courait aux taureaux ; c'est le spectacle qui passionne le plus la population. A peine avions-nous pénétré dans le cirque et constaté le peu de férocité des taureaux, qu'un orage accompagné d'une pluie torrentielle fondit sur l'assemblée, et chacun de fuir; la représentation n'eut pas lieu, personne, comme bien vous pensez, n'était content, mais on ne rendit pas l'argent. Force nous fut d'attendre des circonstances plus favorables avant de nous prononcer sur l'intérêt d'un tel spectacle.

D'après le goût du public, l'occasion d'en juger ne pouvait tarder. En effet, les Espagnols, je parle, bien entendu, des masses, font passer avant tout le plaisir des yeux; ils sont réalistes sans le savoir, et même dans les choses spirituelles l'idéal n'existe pas pour eux. C'est par cette raison que partout, même aux églises, les statues des saints, de la Vierge sont peintes, les christs peints. On en est réduit à mettre des caleçons d'or ou d'argent aux christs pour éviter le scandale. Dans les cérémonies religieuses, c'est encore aux sens qu'on s'adresse pour exalter la piété ou susciter la compassion : ainsi, pour ne citer que des faits qui se sont passés sous nos yeux, le lendemain de notre arrivée à Valence, nous avons vu porter en terre un brave carabinier en uniforme, fardé, pomponné comme pour passer la revue; puis, le même jour, une des fêtes de la sainte Vierge, nous avons pu admirer dans la rue, en tête de la procession, une vierge magnifiquement accoutrée, couverte de diamants avec bagues aux doigts, et une longue chevelure pendante sur les épaules, comme les belles dames qu'on voit aux vitrines des coiffeurs. Ainsi encore, dans la semaine sainte, on joue au naturel la tragédie de la Passion : le rôle du crucifié est mis aux enchères et adjugé au plus offrant. Les choses sont menées tellement loin, que le dernier adjudicataire faillit mourir d'apoplexie pour être resté suspendu à la croix plus que de raison. Je confesse que je ne saurais affirmer persennellement l'authenticité de cette adjudication, mais rien ne m'autorise à douter de la véracité de celui qui me l'a raconté.

Le panorama de Valence est ravissant ; la ville semble noyée dans la verdure de la *Huerta*, d'où viennent ces oranges fameuses qui donnent leur noms à toutes celles qui se vendent à Paris, quelle qu'en soit la provenance. Cette *Huerta* ou jardin est la forêt d'orangers qui couvre les environs à plusieurs lieues à la ronde. Ceux qui la cultivent, désireux de conserver la renommée des valences, ainsi que le succès de leur commerce, ont constitué un syndicat chargé d'empêcher la mise en vente des oranges non marchandes ; sont réputées comme telles, celles qui passent dans un anneau officiel d'un calibre réglé par le conseil des Anciens. La mission principale de ce syndicat est de juger les différends relatifs aux irrigations, question capitale quand il s'agit d'orangers. Les décisions de

ces arbitres sont souveraines; elles seraient res-
pectées à ce point qu'il n'y aurait pas d'exemple
que personne se soit jamais opposé à leur exé-
cution.

Si notre voyage s'était borné là, nous serions
rentrés en France avec l'idée la plus fausse de l'Espagne.

A voir la fertilité du littoral de la Méditerranée,
on pourrait croire qu'il en est de même pour l'intérieur du pays; malheureusement il n'en est rien.
A peine a-t-on quitté la *Huerta* pour prendre la
route de Madrid, que l'aspect du pays devient tout
autre; ce ne sont plus que plaines énormes, grises,
poussiéreuses, sans arbres, sans verdure, sans vil-
lages, sans eau, presque sans habitants; le tout
triste, dénudé, déplorable, que rien, pas même le
soleil le plus brillant du monde, ne peut égayer: la
Beauce est pittoresque auprès. Voilà, en réalité,
l'impression qu'on rapporte de la belle Espagne,
sauf des pays qui longent la mer et de quelques
parties de l'Andalousie, de Grenade et de la Navarre.

Vous arrivez à Madrid sans que rien ne signale
l'approche d'une grande ville; vous êtes encore en
wagon, à la gare, que vous êtes abasourdis par les
cris de: *agua limpia*, *fuego*; de l'eau, du feu. C'est

qu'après un si lamentable trajet, le premier besoin est de se rafraîchir et de se distraire.

Nous étions attendus chez la personne qui, à cette époque, était le gérant des mines d'Huelva ; inutile d'ajouter qu'elle nous reçut parfaitement bien, trop bien même, vu nos habitudes modestes. Son majordome se chargea de nous retenir des places à la meilleure auberge de la ville, et le soir MM. Chevalier, Gravelle et moi couchions à l'hôtel des Peninsularès. M. et Mme Pagès, amis intimes de notre amphitryon, étaient restés chez lui.

Il m'en coûte de parler mal des Peninsularès. Considérant toutefois qu'il ne s'agit que de renseignements rétrospectifs, que l'hôtelier et que la tenue de son établissement ne sont sans doute plus les mêmes, je serai franc : oncques ne vis chambres si longues, si froides, de tentures si laides et de cuisine si détestable. M. Gravelle, mon compagnon de chambre, se disait fatigué par le seul fait d'aller de son lit à la fenêtre pour y faire sa barbe. Les dépendances de l'hôtel étant taillées sur la même échelle, un détail donne la mesure de leurs dimensions et décoration ; pour aller du seuil de notre chambre à un certain réduit où il est de toute nécessité d'aller, il nous fallait faire cent vingt pas : ce *retirato* était tendu de toile de coton rouge avec une telle profusion, que l'unique siège de l'endroit en était enveloppé ; je laisse à penser ce que devenait cette garniture par les temps d'humidité.

« Mais ne dites-vous pas que vos chambres étaient froides ? » Assurément, il ne faut pas oublier que nous étions au mois d'octobre ; or, sous prétexte que le soleil est chaud en Espagne, rien à Madrid n'est préparé contre le froid ; il n'y a ni poêle, ni cheminée. Vienne l'hiver, on y gèle, malgré les *brazeros* qui donnent plus de mauvaise odeur que de calorique. On se trompe fort, d'ailleurs, sur le climat de Madrid, pas n'est besoin des rigueurs de l'hiver pour en souffrir. La ville, située au milieu de plaines immenses, est battue, aux équinoxes, par des vents dont rien n'arrête la violence et qui font de nombreuses victimes, si bien que, dans les seuls mois de mars et d'avril 1857, 4,000 malades y sont morts de la poitrine.

La position centrale de Madrid est, paraît-il, la seule cause qui ait déterminé Philippe II à en faire le siège du gouvernement. A part quatre ou cinq rues assez belles, le musée des beaux-arts, le nouveau palais du roi de l'Armeria, la ville n'a absolument rien de remarquable ; elle manque, comme on dit, de couleur locale. Le costume des habitants n'est autre que le costume parisien démodé, sauf toutefois dans les vieux faubourgs où sont relégués les *gitanos*, sorte de parias de race hindoue, caste à part dans laquelle se recrutent les maquignons, les vendeurs de vieille ferraille, les saltimbanques et surtout les voleurs. Cette espèce est habillée de couleurs voyantes; les femmes en jupes plus ou moins courtes, suivant la profession. Du reste, le costume des bohémiens qui viennent à Paris donne une idée assez exacte des oripeaux de ces bohémiens de Madrid.

Je ne parlerais pas des églises dont pas une n'est à citer, n'était la manière dont s'y pratiquent les quêtes : un prêtre, suivi de deux enfants de chœur, s'approche de celui des assistants qui se trouve à son point de mire; l'un des enfants de chœur carillonne avec une sonnette, l'autre présente le plat aux offrandes, puis le prêtre commence à demi-voix des prières qui ne cessent qu'alors que le fidèle s'est exécuté. Ce mode de procéder ayant le doublé avantage de forcer l'attention de la personne à laquelle on s'adresse, et de donner aux voisins la mesure de sa générosité, manque rarement son effet. Je doute néanmoins que cette pratique, qui rappelle trop le procédé de la carte forcée, réussisse à Paris si l'on tentait de l'y importer.

Le nouveau palais du roi est bâti sur une émi-
nence, à l'extrémité occidentale de la ville. C'est une
résidence magnifique qui, suivant M. Thiers, faisait dire à Napoléon Ier au roi Joseph : « Mon frère,
vous serez mieux logé que moi. » Le jardin, ou plus
exactement, le parterre du palais descend en pente
assez rapide jusqu'à la rivière qui le borde. C'est
le *Manzanarès*, qui n'a rien de majestueux que le
nom ; c'est un modeste filet d'eau d'un volume égal
tout au plus à celui de la Bièvre à Paris, coulant
sur un lit rocailleux beaucoup plus large que la
Seine et divisé en trois ou quatre minces ruisseaux
d'eau savonneuse. Le *Manzanarès* étant le seul
cours d'eau qui passe à Madrid, les blanchisseuses
y font la lessive ; néanmoins on a lieu de s'étonner
de les voir étendre leur linge juste en face du
palais, ce qui ne laisse pas de blesser les yeux des
Altesses royales.

Les Madrilènes vantent beaucoup leur promenade du *Prado*, ainsi que le jardin du *Buen Retiro*,
sorte de bois de Boulogne de la localité. Rien ne
justifie cet engouement ; les arbres dont ils sont
plantés sont chétifs, rabougris, écimés ; ils rappel-
lent la stérilité de la campagne bien loin de la
faire oublier.

L'*Armeria real* est une collection d'armes pré-

cieuses ou ayant appartenu à des hommes célèbres.
Il y à là un certain nombre d'armures et d'autres
objets très curieux. Mais là, comme en toutes
choses, la nonchalance, pour ne pas dire l'igno-
rance espagnole, se fait sentir; rien n'y est bien
assorti, de telle sorte que le connaisseur y trouve
plus à critiquer qu'à admirer.

Durant notre séjour à Madrid, le mauvais temps
est venu ajouter encore aux déceptions de tous
genres que nous avions subies jusque-là. La visite
du musée des beaux-arts nous en a consolés. Il est
magnifique ce musée; il vaut à lui seul le voyage:
je doute qu'il existe une seconde collection de
tableaux anciens aussi complète et aussi rare. Les
chefs-d'œuvre de l'Espagne, des Flandres, de l'Al-
lemagne, de l'Italie, qui s'y trouvent pour ainsi
dire amoncelés, sont peut-être le témoignage le
plus éclatant de la puissance et de la richesse de
l'Espagne à l'époque où elle dominait sur ces
divers pays. Outre qu'il faudrait un volume entier
pour en faire seulement la nomenclature, c'est à
de plus autorisés que moi qu'il appartient d'en
parler. Je me contenterai donc de dire, à cette occasion, que les tableaux que nous possédons à Paris
ne peuvent pas même nous donner une idée des
maîtres espagnols, et qu'en raison du long séjour

que Rubens a fait comme ambassadeur en Espagne, ses œuvres et celles de Van Dick, Jordaens et autres de son école, y sont représentées d'une manière splendide et, de beaucoup, mieux qu'ailleurs.

Pourquoi faut-il qu'à côté des chefs-d'œuvre anciens de l'école espagnole, il faille passer devant les tableaux de l'école moderne ! Quelle chute, mon Dieu, et comment se peut-il faire que le peuple qui a produit de tels artistes soit tombé en une telle décadence ! C'est à attrister les plus indulgents. Il faut fermer les yeux et passer pour conserver la bonne impression que cause le reste de l'ensemble.

On a vite épuisé les curiosités de la ville, et la visite du musée une fois faite, le mieux est de s'en aller. Notre départ pour l'Andalousie par Cordoue, promptement décidé, s'effectua avec toute la lenteur d'usage. Le chemin de fer n'étant pas achevé, il nous fallut subir de nouveau les privations et les fatigues d'un voyage de près de soixante-douze heures pour atteindre Cordoue. De Madrid jusqu'à la sierra Morena, c'est-à-dire durant les trois quarts du chemin, ce sont toujours les mêmes plaines sablonneuses, sans roulage, sans arbres, sans oiseaux, sans âme qui vive, qui nous avaient si fort attristés en quittant le littoral de la Méditerranée. Ces plaines sans fin sont sillonnées par des routes détestables ; tout est à refaire sur les chemins. S'il arrive que l'Administration prenne le parti de les rétablir, les travaux s'y font avec une telle lenteur que les ouvrages d'art périssent pendant la réfection des remblais et, réciproquement, les terrassements n'existent plus quand s'achèvent les travaux d'art : c'est toujours à recommencer, jamais fini. Néanmoins il est arrivé une fois, par un concours de circonstances extraordinaires, que, dans la traversée d'un village, la grande route de l'Andalousie s'est trouvée achevée. La chose était si rare que les autorités locales n'en ont fait ni une ni deux : ils ont planté des barrières aux deux extrémités de leur village et transformé le chemin public en une promenade interdite aux voitures ; ce qui nous força de faire le tour du village, cherchant une voie praticable au milieu des ornières faites par ceux qui nous avaient précédés. Ce fait assurément paraîtra invraisemblable aux étrangers ; pour les gens du pays, c'est la chose la plus simple du monde, absolument comme de faire passer les voitures à côté de la route pour peu qu'elle soit mauvaise : ce qui fait qu'en maints endroits les empiètements sur le côté du chemin en portent la largeur à 1 5o ou 2oo mètres.

Mais alors que devient donc le champ du voisin avec un tel état de choses? Ce voisin n'y regarde pas de s'y près je vous assure; sauf à lui à prendre aussi du terrain à côté, si le cas y échet. En effet, la quantité des terres incultes eu égard au petit nombre d'habitants, est si considérable, qu'on n'aperçoit pas de raison pour se gêner sous ce rapport; et puis, les propriétaires ont une si singulière manière de cultiver! Ils laissent leurs champs en jachères pendant cinq années, durant lesquelles ils se garderaient bien d'y faire un travail quelconque : d'où il résulte que le palmier nain, le chiendent du pays, envahit rapidement une grande partie des terres arables et les rend stériles. Quant au champ qu'on s'est décidé à ensemencer, on attend l'effet des pluies du printemps; on donne un trait de charrue, un seul; on sème le grain, on donne un coup de herse, puis tout est dit; c'est au bon Dieu à faire le reste. Point de moutons, point de bœufs, point de vaches, au pays des taureaux, il n'existent que dans les haras de reproduction; partant point d'engrais. Voilà où en est l'agriculture dans l'intérieur du pays, car il est bien entendu que je ne parle pas ici du littoral.

Il faut avoir traversé la sierra Morena pour constater que l'aspect de l'Espagne diffère essentiellement de notre pays ; n'étaient la stérilité, la solitude de la campagne, les mœurs, les usages dont nous avons signalé une partie, on pourrait jusque-là se croire en France. La confusion n'est plus possible à la descente de la sierra Morena : l'atmosphère devient plus chaude, la nature de la végétation change ; l'aloès, le cactus, le laurier rose, le chêne-liège font leur apparition ; puis, en avançant davantage dans l'Andalousie, se montrent les palmiers qui donnent au paysage le caractère oriental.

Nous crûmes rêver, le matin du 5 novembre, quand tout à coup nous nous sommes trouvés au centre d'un panorama délicieux : à nos pieds, de vastes et vertes prairies, arrosées par une belle rivière disparaissant, à gauche, dans la vapeur ; à droite, un magnifique pont défendu par une vieille tour pittoresque ; en face, par delà la rivière, une ville considérable entourée de murailles sur une haute colline ; puis une plaine en amphithéâtre avec vingt-deux charrues en action, attelées de bœufs dont la silhouette se détachait tour à tour sur le ciel rose du matin. Il faut avoir eu les yeux fatigués pendant quinze jours par des sables brûlants, sans la moindre verdure qui puisse reposer l'œil, pour comprendre le plaisir que cause un pareil tableau : nous étions ravis. C'était Cordoue, la ville sainte et le Guadalquivir.

Après avoir franchi le pont, nous sommes montés péniblement jusqu'au pied des murailles de la ville, dans laquelle nous avons fait notre entrée, escortés d'un certain nombre de marchands d'eau qui attendaient l'ouverture de l'arc de triomphe qui sert de porte. L'intérieur de la ville ne répond pas à ces abords superbes ; les rues en sont petites, étroites, bordées de maisons basses, mal bâties, blanchies à la chaux, à peine éclairées à l'extérieur par quelques ouvertures garnies de grille de force à arrêter un obus : c'est un grand village, à l'apparence mauresque, de 5o à 6o,ooo âmes. Située à plus de vingt-six heures de voiture de Séville, on y fait un de ces arrêts qui permettent à chacun de vaquer à ses petites affaires. Nous en avons profité pour visiter la cathédrale, construite dans la fameuse mosquée élevée par un Abdhérame quelconque avec le projet d'en faire, pour l'Occident, un but de pèlerinage comme est la Mecque pour l'Orient

À l'origine, cette mosquée, soutenue par 1,8oo colonnes, était éclairée par des lampes faites avec les cloches de Saint-Jacques de Compostelle, suspendues avec des chaînes d'argent. Aujourd'hui elle a perdu beaucoup de son ancienne magnificence. Elle passe pour être encore le monument mauresque le plus considérable, quoique le nombre de ses colonnes soit réduit à 800. Son aspect ne produit pas d'effet en rapport avec ses vastes proportions. Le monument m'a semblé trop bas pour son étendue et l'église catholique établie dans l'intérieur, en faisant disparaître la vue d'ensemble, a détruit tout prestige.

Néanmoins, on y voit encore un spécimen de son antique splendeur, qui montre ce que devait être la mosquée avant sa transformation; c'est le *Mirah*, le sanctuaire vénéré où était déposé un bras de Mahomet. La fraîcheur des émaux qui ornent ses parois, la vivacité des couleurs rouge et or des alvéoles du plafond, donneraient à croire qu'il est bâti d'hier. C'est une merveille d'architecture qui a sa légende : c'était là que lors de leur expulsion, en 1292, les Maures avaient caché leurs trésors, après avoir muré l'entrée de ce saint des saints. Ces richesses sont restées enfouies jusqu'à la guerre de 1812. C'est un officier français qui, lors de l'occupation, en a fait la découverte, tant sont grandes l'incurie et l'insouciance espagnoles !

La visite de la mosquée faite, aucun de nous ne chercha à prolonger le temps d'arrêt qui nous avait été accordé, n'apercevant rien capable de tenter notre curiosité. Nous avons quitté Cordoue, persuadés que la campagne et les vingt-deux paires de bœufs que nous avions admirés le matin étaient en réalité la véritable curiosité locale. Nous ne devions plus, en effet, rencontrer sur la route de l'Andalousie qu'une seule paire de bœufs et un seul troupeau de mérinos dont un quart pour le moins à laine noire, puis c'est tout ; jamais plus autre attirail de culture sérieuse, telle qu'on la pratique en France, ne se fit voir.

La campagne que nous allions traverser s'appelle *Campana de Bujalance* ; elle borde le Guadalquivir. Dès qu'on la quitte, on retombe dans des déserts de sable à donner le spleen au plus joyeux compagnon.

On marche de longues heures durant, au milieu de cette solitude ; à peine trouve-t-on, deci delà, quelques chênes-lièges, quelques aloès ; puis on aperçoit de loin, sur un plateau escarpé, une sorte de citadelle : c'est Carmona, dont la porte flanquée de droite et de gauche de deux montagnes dénudées ne laisse rien apercevoir de la ville. Singulière ville que cette Carmona, bien peu faite pour égayer toutes ces tristesses ! On dirait une fortification romaine, une illustration de *Télémaque* ou du *Voyage du jeune Anacharsis* ; on s'attend à voir sortir de là des guerriers à casque, en courte jaquette, la lance au poing. Si ces braves guerriers daignaient se montrer, à coup sûr ce serait une surprise moins invraisemblable cependant qu'ailleurs, parce qu'en Andalousie on trouve une très grande quantité d'antiquités romaines. L'aqueduc qui, sous le nom de *Los Canos de Carmona*, alimente Séville, est la plus considérable de toutes. C'est aussi à quelques kilomètres de cette ville, au village de Santi-Ponce, que se trouve l'emplacement de l'antique *Italica*, patrie des trois empereurs romains, Trajan, Adrien et Théodose.

Suivant le dicton espagnol, Séville est la perle de l'Andalousie. La campagne qui l'entoure contraste avec les déserts sablonneux que nous avons traversés : la verdure reparaît, des orangers, des figuiers, des aloès, tout, jusqu'aux murailles crénelées de la ville qui n'ont pas l'air rébarbatif de Carmona, réjouit l'œil. L'heure de la sieste était passée lors de notre arrivée; l'animation de la ville, les affiches de spectacle, la multitude des promeneurs, un certain air de fête, nous la montrèrent, ce qu'elle est en effet, une ville de plaisir.

Le banquier de la compagnie d'Huelva, résidant à Séville, nous avait retenu des chambres à la *fonda de Paris*, hôtel plus confortable que les *Peninsu-*

larès de Madrid. Les boucles de nos malles n'étaient pas défaites, que chacun de nous recevait une lettre d'invitation à un bal particulier ; la teneur, qui en était fort polie, ma foi, était faite pour donner le change sur la nature du bal en question, et on aurait pu s'y tromper, si les mots de *bal particulier* n'y eussent été mis en vedette et si notre qualité de nouveaux débarqués n'eût exclu la pensée d'une invitation sérieuse. En effet, il s'agissait simplement d'un échantillon du savoir-faire des Gitanos, et le bal auquel nous étions conviés n'avait rien de particulier du tout, loin de là. Ceux que la curiosité y pousse sont reçus dans une salle mal éclairée, remplie de nombreux amateurs. A travers la fumée des cigarettes, on aperçoit sur une estrade, au fond de la salle, des danseurs exécutant des pas de caractère avec accompagnement de tambours de basque, de guitare et de castagnettes. A l'apparition des invités, l'entrain commence, danseur et danseuse font assaut de grâces, prennent des poses ; celle-ci, le corps cambré, rejeté en arrière, la jambe tendue en avant, tantôt fixe les spectateurs avec des airs de dignité offensée, tantôt les fascine du regard, baisse et lève alternativement les bras, faisant claquer ses castagnettes. Les bravos éclatent, les contorsions redoublent : alors la diva lançant ses jupes de droite et de gauche par un mouvement saccadé des hanches, s'avance vers son partenaire, qui l'attend genou en terre et l'attire à lui, agitant son tambour; c'est le moment pathétique, elle tourne autour de lui et pose son pied sur le genou de son danseur. L'enthousiasme est au comble; les cris, les trépignements des spectateurs ébranlent la salle, et chacun de lancer son chapeau aux pieds de la diva. Ici, une petite scène visant les naïfs : la diva doit faire un choix parmi ces adorateurs et désigne sa préférence en piétinant le chapeau de celui qu'elle a distingué. Inutile d'ajouter que ce tremolo de pieds tombe toujours sur le chapeau d'un étranger. Dès cet instant, cet heureux mortel a le droit de lui offrir à souper, ce qu'il ne manque de faire. On se rend dans la salle du festin, où se trouvent invariablement la mère et le fiancé de la demoiselle, qui se retirent discrètement dans la pièce voisine, à portée toutefois de tout voir. De temps en temps, ils passent la tête par la porte entre-bâillée, et chaque fois la diva leur jette des bribes du régal et des *dulcés* qu'ils engloutissent aussitôt. Les estomacs satisfaits, un baise-main digne d'une reine termine la fête.

La mère et le fiancé surviennent incontinent et reconduisent avec force politesse, jusqu'à la porte de la salle, le galant étranger qui jure mais un peu tard qu'on ne l'y reprendra pas, trop heureux de regagner son domicile sans fâcheux accident.

La préférence marquée du public de Barcelone et de Valence pour tout ce qui frappe les yeux, son amour du réalisme exclusif de tout idéal, même dans les choses saintes, s'accentuent encore davantage à Séville; au point que, rentrant à l'hôtel le soir, nous avons pris la procession du Rosaire pour la promenade d'une noce. Il était presque minuit, quatre joueurs de violon, ornés de bouquets et de rubans, marchaient en tête d'une longue file de gens en habits de fête; de chaque côté de la foule marchaient des membres de la confrérie portant des lanternes qu'ils tenaient alternativement en bas, à la hauteur du genou, et en haut, au-dessus de la tête. Tout ce monde cheminait joyeusement, faisait une station aux carrefours, chantait avec entrain et repartait, pour recommencer au premier coin de rue. Vu la gaieté de la foule, le rythme de la musique, et surtout l'heure avancée de la nuit, nous n'eussions jamais imaginé que nous assistions à une cérémonie religieuse. Notre erreur était d'autant plus concevable, que nous ignorions les habitudes que la crainte de la chaleur, jointe à une nonchalance naturelle a fait prendre à la population : toutes les réunions, les visites se font la nuit, après le spectacle, au grand détriment de la moralité publique. Dans le jour, personne ne sortirait d'une heure à trois, et pour quelque prix que ce soit, même pour les cas les plus urgents, aucun médecin ne consentirait à se risquer dans la campagne à l'heure de la sieste, de crainte d'insolation.

L'habitude de vivre en partie la nuit et le désir d'assurer la sécurité des rues ont inspiré un genre d'éclairage qui n'est guère praticable qu'à Séville. Un grand nombre d'habitations ressemblent aux maisons mauresques, c'est-à-dire qu'elles sont carrées avec une cour intérieure entourée de galeries à colonnes élégantes, qui permettent de circuler à couvert dans toutes leurs dépendances. A peine ces maisons ont-elles sur la rue quelques petites ouvertures garnies des jalousies ou de grilles ; mais toutes, elles ont devant leur porte intérieure une sorte de salle d'attente, le Patio, avec une ouverture donnant directement sur la rue. Cette baie, de la grandeur de nos portes cavalières, est fermée par une grille en fer, derrière laquelle se trouve le luminaire éclairant tout à la fois le Patio et la rue ; ainsi posée, la lumière fait ressortir tous les détails de cette grille, d'où la pensée d'en faire l'ornement de la maison. Parmi ces grilles, toutes légères et élégantes, il y en a qui sont d'un travail exquis et de beauté à rivaliser avec la grille placée au Louvre, à l'entrée de la galerie d'Apollon. Dans les promenades du soir, c'est un vrai plaisir d'en admirer le merveilleux travail et l'on s'étonne qu'on puisse trouver des ouvriers assez habiles pour travailler le fer de la sorte.

Ce merveilleux travail ne fut pas le seul sujet de notre étonnement; le teint d'un blanc mat des femmes ne laissa pas de nous surprendre, car dans notre jeunesse il n'était question que d'Andalouses au sein bruni. A la promenade elles vous regardaient en face avec une telle fixité, qu'un moment je fus tenté de croire qu'elles lisaient notre surprise sur notre figure : erreur ! c'est l'habitude générale des demoiselles et des dames du meilleur monde, de regarder chacun avec assurance jusque dans le blanc des yeux. Ajoutez à cette habitude celle d'aller par la ville tête nue, avec une rose dans les cheveux, en toilette légère en rapport avec le climat, et un grain de coquetterie pour produire les petits pieds et faire valoir les grâces dont elles sont douées et vous aurez une idée de l'impression que les Andalouses produisent sur les étrangers. La galanterie joue un grand rôle en cette société et y perpétue des coutumes chevaleresques, par exemple : qu'un noble hidalgo rencontre une señora dans la campagne il doit étendre à ses pieds son manteau ou sa veste, et la señora doit marcher dessus ; sinon, c'est une marque de mépris, une grave offense pour le caballero.

On y visitait autrefois la manufacture de tabac, dans laquelle on emploie beaucoup de femmes. L'entrée en avait été interdite à la suite de quelques désordres, ce qui ne laissa pas de nous causer des regrets à cause de la grande réputation de cette manufacture.

La rue de la Sierpe est le rendez-vous des gens inoccupés, badauds, flâneurs, gommeux et autres de la même farine ; elle aboutit sur la place de la Municipalité, dont le palais est un joli monument de style renaissance, mais inachevé comme toutes les entreprises de l'Administration. Après avoir suivi la foule aussi serrée, mêlée et plus bigarrée que sur le boulevard des Italiens, éprouvant le besoin de respirer plus librement, nous nous sommes diriges vers la porte de Triana, sortie de la ville sur les bords du Guadalquivir, promenade qui nous a paru la plus agréable de toutes. Il est vrai que fatigués par le brouhaha des rues nous étions tout disposés à jouir du spectacle splendide que nous cachaient les murailles de la ville. Il était tard, le calme se faisait aux alentours, le ciel était embrasé par le soleil couchant, à nos pieds la mâture d'un navire à l'ancre se reflétait dans l'eau du port resplendissant de lumière et au fond un horizon immense, dont la ligne à peine coupée par quelques rares palmiers de la vieille Italica, représentait la mer au calme plat. Que nous étions loin de la terre en ce moment! quel spectacle, et que ne donnerait-on pas pour le reproduire! Ma foi, rira qui voudra de ma présomption : j'avoue que, voulant laisser à notre ami Gravelle un souvenir de notre excursion, j'ai tenté l'aventure, persuadé que la moindre pochade ferait revivre à ses yeux le tableau qui nous avait si fort impressionnés.

L'ancien château des rois maures, l'*Alcazar real*, est une des grandes curiosités de Séville; c'est un spécimen complet de l'architecture arabe. La salle des Ambassadeurs est, nous dit-on, la reproduction de l'Alhambra. On y arrive par une succession de grandes salles décorées dans leur pourtour, à hauteur d'homme, d'émaux verts, jaunes et rouges, encadrés, ainsi que les portes, par des arabesques d'une exquise finesse. Rien n'arrête le regard à travers les portes qui semblent se rétrécir à mesure qu'elles s'éloignent, comme dans l'effet de perspective des glaces qui se répètent l'une dans l'autre. On a pris soin de ne laisser pénétrer qu'un demi-jour dans ces salles et, lorsqu'on arrive dans la dernière, celle dite des Ambassadeurs, la lumière y est distribuée avec un tel art, que bien que la salle entière soit en marbre blanc, rien n'y blesse l'œil.

Le demi-jour, les beaux portraits qui décorent le haut de la salle, la délicatesse des ornements, jusqu'aux ouvertures ménagées pour laisser voir les réceptions, tout semble disposé pour flatter les sens : à peine serait-on surpris d'y voir paraître les houris du paradis de Mahomet, et on subit, sans songer à mal, je ne sais quelle sensation de volupté et de séduction qui ravit de prime abord et donne une haute idée de l'état de civilisation des Maures ; on se prend à regretter l'expulsion de gens qui pro duisaient de tels chefs-d'œuvre.

Encore sous le charme, nous allions parcourir les jardins, quand nous avons été abordés par des ouvriers occupés à la restauration de l'Alcazar. Ces pauvres diables étaient Français ; ayant eu le tort de se mêler de politique, ils avaient dû quitter la France au 2 décembre 1851. Ils nous avaient reconnus pour compatriotes et n'avaient pas résisté au désir de parler avec nous de la patrie absente.

C'était au mieux, sans doute ! Qui de nous, en effet, rencontrant loin du pays un compatriote, n'a senti le besoin et le bonheur de parler avec lui des siens et de la mère patrie ! Mais ce qui n'était pas pour le mieux, c'était de piller l'*Alcazar real* à notre intention : intrigués déjà par le faux col légendaire de M. Garnier-Pagès, ils apprirent bien vite qu'ils avaient affaire à l'un des frères et amis : de là une petite ovation, pendant laquelle deux ou trois d'entre eux s'étant échappés revinrent fourrer dans nos mains, dans nos poches, des branches d'oranger et des oranges.

Que faire ? allions-nous affliger ces malheureux exilés en refusant leur cadeau, où affronter la vigilance des gardiens, au risque de nous mettre une mauvaise affaire sur les bras ? Notre perplexité était grande en nous rapprochant de la porte. C'était vraiment trop cruel d'attrister ces braves gens en pareille circonstance ; nous sommes passés avec assurance devant le concierge, qui n'y a rien vu ou n'a rien voulu y voir, plus satisfaits d'échapper à l'ennui d'être découverts que d'emporter les oranges du roi.

Du vieux château des Maures à la cathédrale, il n'y a qu'un pas. On serait tenté de croire qu'ils sont placés si près l'un de l'autre pour faire res-

sortir la supériorité de l'art chrétien. On ne peut
nier, il est vrai, que l'Alcazar impressionne vivement et excite une sensation de volupté singulière ;
mais dans son ensemble aucun détail, rien ne s'a-
dresse à l'âme, les sens matériels y sont seuls visés,
tandis qu'au contraire, dès que vous avez franchi
le seuil de la cathédrale, tout y éveille le sentiment
de la piété et du surnaturel. La grandeur du bâti-
ment, la pureté de ses lignes, la sévère beauté des
statues et des tableaux calment et élèvent tout à la
fois le cœur et l'âme. Le contraste saute aux yeux
des moins clairvoyants ; les proportions colossales
de l'église, la hauteur de la fameuse Giralda qui
lui sert de clocher, écrasent véritablement l'Alcazar
qui est au pied.

On rapporte qu'avant d'arrêter le plan de cette
cathédrale, les moines qui l'ont construite se sont
dit : « Faisons un monument qui fasse croire à la
postérité que nous étions fous. » Ils ont tenu pa-
role, en ce sens du moins que, si on ne les croit
pas fous, on reste stupéfait devant la hardiesse de
l'œuvre. Quelques détails suffisent pour en faire
apprécier la grandeur et la richesse. Ainsi la cha-
pelle à gauche en entrant, qui ne semble n'être
qu'une petite annexe de la cathédrale, est déjà elle-
même une grande église ; la hauteur de la nef prin-

cipale est la même que celle des tours de Notre-
Dame de Paris ; le retable du maître-autel est composé de quatre cents statues de demi-grandeur
naturelle représentant la vie de Notre-Seigneur
Jésus-Christ ; il n'a pas fallu moins que la vie entière de deux générations de sculpteurs, du père et
du fils, pour l'achever. Il y a trois ou quatre jeux
d'orgues dont l'un mesure vingt mètres de haut ;
les chapelles des côtés y sont décorées d'un grand
nombre de tableaux de Murillo dont la beauté et
la célébrité est telle qu'un voleur a cru sa fortune
faite pour avoir découpé dans l'un d'eux une tête
de l'enfant Jésus, qui n'a pu être retrouvée que
quatre ou cinq ans plus tard en Amérique. La tour
qui sert de clocher à l'église s'appelle la Giralda ;
c'est le monument le plus élevé de l'Espagne : sa
hauteur est de 117 mètres. Sa célébrité provient de
son genre de construction autant au moins que de
son élévation : elle n'a pas d'escaliers, on monte
par des plans inclinés de la base jusqu'au faîte :
ce qui, de tout temps, a inspiré maintes prouesses ;
celle entre autres d'une reine d'Espagne qui est
montée sur son cheval sur la plate-forme de la
tour. Une inscription en lettres d'or, gravées sur
une plaque de marbre, perpétue le souvenir de ce
haut fait. De nos jours ce sont les barbiers de la

ville qui ont la palme en ce genre d'excentricités. A certains jours de fête les membres de cette corporation, j'allais dire de cette faculté, car ce sont toujours eux qui saignent les malades, enfourchent les cloches au moment où elles sont en branle, les saisissent par leurs attaches et s'abandonnent au mouvement, de sorte qu'à chaque oscillation leurs jambes sortant de la tour se balancent dans le vide à trois cent cinquante pieds de hauteur, c'est à donner le vertige rien que d'y songer.

C'était à Séville que Murillo tenait école; ses tableaux sont nombreux dans la ville; nous nous attendions, en conséquence, à trouver au musée un certain nombre de ses ouvrages. Grande néanmoins fut notre surprise : la plus belle salle, la mieux éclairée du musée est exclusivement réservée à l'œuvre de Murillo. Vingt-trois de ses plus beaux tableaux y sont réunis, autant dire vingt-trois chefs-d'œuvre par l'élévation de la pensée, la nouveauté et quelquefois même l'étrangeté de la composition; mais rien n'égale la vérité de l'expression et surtout le charme du coloris de ces tableaux. Pour nous c'était une révélation : aucun des Murillo que nous avons à Paris, ni même ceux que nous avions vus à Madrid, ne donnent la mesure de la puissance et de la fécondité de l'artiste ; c'est à Séville et à Séville seulement qu'on peut apprécier la beauté de son œuvre. Nous en étions comme fascinés sans pouvoir nous décider à quitter cette salle, bien que les autres parties du musée passent pour être fort intéressantes aussi. C'est un tort de commencer la visite du musée par cette collection, il s'ensuit que les autres célébrités, spécialement les Zurbaran, les Herrera n'attirent plus l'attention autant qu'ils le méritent. Au surplus, confessons notre faiblesse : c'était l'heure des taureaux, nous n'aurions pas voulu pour beaucoup y manquer. Après notre mésaventure de Valence, feu Tentale seul aurait pu comprendre notre impatience d'assister à ce spectacle.

Les taureaux, et les taureaux à Séville surtout, où l'on tient l'école de tauromachie, à coup sûr la seule de cette espèce, passionnent tout le monde ; inutile de demander son chemin, on suit la foule et l'on arrive devant un cirque considérable à ciel ouvert, pouvant contenir de dix à douze mille spectateurs entassés sur des gradins en amphithéâtre autour de la salle, avec places à l'ombre et au soleil, places qui sont tarifées en conséquence.

Au milieu, une arène entourée de solides cloisons en bois pour protéger les spectateurs et donner aux combattants la possibilité de s'esquiver derrière.

Au fond, vis-à-vis de l'Ayuntamiento, le Toril (l'étable).

Le tout disposé à peu près comme à l'Hippodrome de Paris, sauf les proportions, la grandeur et la solidité des constructions étant tout à l'avantage de Séville.

Quand vous entrez dans cet amphithéâtre par le côté de l'ombre, c'est un véritable éblouissement; le bruit, l'éclat du soleil, les couleurs voyantes, l'agitation des éventails, des parasols, les lazzis, les querelles pour les places, les grelots des mules, la musique, l'agitation fébrile de la foule, tout étonne, étourdit, abasourdit.

Le spectacle va commencer : c'est la présentation de tous ceux qui vont entrer en scène. Ils s'avancent rangés en quadrille, d'abord les *chulos*, la cape sur le bras, les *banderilleros* armés de flèches et de hameçons enrubannés; puis les *picadores* à cheval, la lance à la main; enfin, les *torreros* qui frappent avec l'épée. ce sont les héros du jour. Ils saluent l'Ayuntamiento, font le tour de la salle et se disposent à prendre place : les picadores deux par deux, aux quatre points cardinaux de la salle, le reste de la troupe à volonté. A peine les laisse-t-on achever leur présentation, on n'entend qu'un cri : « La clef, la clef ! » La clef jetée, le toril ouvert par un alguazil qui fuit épouvanté, tout se tait, l'intérêt commence.

Le taureau s'élance dans l'arène ; un instant ébloui, ahuri, il s'arrête ; puis, excité déjà par une diète forcée, par les cris du public, la plupart du temps, s'il est de bonne race, il fond sur les chevaux des picadores, qui le reçoivent la lance en avant et l'arrêtent court, il prend du champ et va les charger derechef. Alors chulos et banderilleros d'accourir ; ils se ruent sur lui comme un essaim de guêpes, le harcèlent, l'insultent, agitant leurs capes rouges devant ses yeux, le piquent, lui plantent des flèches dans la chair vive. Affolée, la bête charge tantôt l'un, tantôt l'autre, et ne frappe que le vide ou la cape d'un chulo qui s'est dérobé. Alors la fureur du taureau arrive à son comble ; il écume, creuse la terre de ses pieds et, dans la rage de se venger, se précipite tête baissée sur ses assaillants, hommes ou chevaux, les frappe de ses cornes, les éventre, les lance en l'air et les foule aux pieds. Malheur à qui fait un faux pas, il y a danger de mort. « L'épée, l'épée, *spada !* » crie-t-on de toutes parts. c'est le moment suprême de la lutte ; la foule est haletante ; le torrero court à la bête pour lui arracher sa victime, l'animal fou de rage se jette sur lui. Il semble que l'homme va être broyé, mais lui, superbe, d'un cœur assuré, se joue du taureau, passe devant, derrière, de droite, de gauche, l'excite encore davantage, saute par-dessus et retombe en garde. L'épée à la main il demande la permission de le tuer et, d'un coup d'épée frappé, par devant entre les épaules, neuf fois sur dix, il l'étend mort à ses pieds, sinon sort, on ne sait d'où, un alguazil qui poignarde l'animal à la naissance du col, et il tombe foudroyé.

On enlève les morts, chevaux et taureau, en musique, au galop de six mules empanachées ; on balaye le sang, et on recommence jusqu'à extinction des chevaux et taureaux destinés à cette boucherie.

C'est là la tragédie dans laquelle ne figurent que des taureaux âgés de plus de cinq ans ; mais d'ordinaire, et comme lever de rideau, on amène d'abord dans l'arène des *novillos* ou jeunes taureaux qui n'intimident personne, si bien que nous avons vu des amateurs passionnés, quitter leur place, descendre dans l'arène braver le taureau, lui jeter des oranges, le frapper avec leur parapluie, et s'esquiver derrière les cloisons du pourtour, aux raileries du public, pour peu que la bête fasse mine de se défendre.

On ne sait trop qu'admirer le plus de la fermeté, de l'agilité ou de la vigueur de ces chulos, banderilleros et torreros, mais on se prend de pitié, sinon de dégoût, à la vue de ces malheureux chevaux éventrés, traînant leurs entrailles sur l'arène, attendant, les yeux bandés, le coup de la mort. La Société protectrice des animaux aurait fort à faire dans ce pays ; mais à entendre la foule criant : *bravo toro !* s'il se défend avec courage, l'insultant, le traitant de lâche, de canaille, s'il a peur, ou s'il est mou ; à voir l'exaltation de ce public en délire, on peut jurer hardiment que le moment n'est pas venu, tant s'en faut, d'y voir fonctionner une loi Grammont quelconque.

Au sortir du cirque, M. Daguerre, le correspondant de notre Compagnie, nous invita à dîner et je dois confesser ici à sa louange, quoique peut-être aussi un peu au détriment de ma réputation de sobriété que mon carnet porte la mention : « Fait un bon dîner », le seul, assurément que nous ayons fait en Andalousie : ne pas confondre toutefois le mot *bon* avec celui de *beau*. Au dire de notre hôte lui-même, à quelque prix que ce soit, on ne pourrait donner un beau dîner en Andalousie. En Espagne, on n'élève pas de bestiaux pour la boucherie ; c'est assez dire que le nom même de l'Art culinaire y est inconnu; notre opinion sur ce point était faite depuis longtemps.

Dès le lendemain nous quittions Séville, non sans regret de ma part : il me semblait qu'il y avait encore beaucoup à voir et à apprendre en cette capitale de l'Andalousie. Mais nous approchions d'Huelva, il tardait à nos compagnons de voyage d'accomplir leur mission. Il fut convenu qu'au retour des mines nous repasserions par Séville avant d'aller à Grenade : perspective qui ne laissait pas d'être un petit soulagement, au moment où nous allions nous engager pour trente-six heures sur une route plus triste et plus déserte encore que celles de la Manche, à peine tracée au milieu d'immenses plaines de sable.

Presqu'au sortir de la ville, on rencontre la maison de Fernand Cortez, restaurée par le duc de Montpensier; puis on entre bientôt dans le désert au travers duquel on gagne péniblement Huelva.

Au départ, nous avions été assaillis par une pluie torrentielle qui durait depuis vingt-quatre heures, la fatigue, le ciel sombre, le silence qui se fait d'ordinaire entre gens qui n'ont rien à se communiquer, nous avaient attristés. A cinq cents lieues de notre pays, nous songions aux difficultés possibles du retour, si notre voiture venait à nous manquer, et

nous en étions à nous demander pourquoi nous
avions quitté les braves cœurs que nous avions
laissés derrière nous, quand tout d'un coup, par
une éclaircie, nous apercevons, près d'une habita-
tion, un groupe de femmes et d'enfants allant de
droite et de gauche, agitant des mouchoirs, pous-
sant des cris de joie, une voiture qui nous dépasse,
un voyageur qui en descend vivement, et tous de
se jeter à son col, se serrant et s'embrassant à qui
mieux mieux. Était-ce leçon de la Providence,
pressentiment ? je ne sais ; toujours est-il que cette
délicieuse et vivante image du retour nous tira les
larmes des yeux, et qu'en ce moment le pauvre
M. Gravelle ne put contenir le regret d'avoir quitté
le vieux père qu'il avait laissé à Courtenay, et qu'il
ne devait plus revoir.

Nous étions encore sous le coup de notre émo-
tion, lorsqu'au tournant de la route se montra une
ville considérable, bâtie dans une presqu'île formée
par le rio Tinto, sur l'extrémité d'un promon-
toire dominant le pays, c'était Niebla, cité malheu-
reuse s'il en fut ! La légende rapporte qu'en raison
de sa force et de sa position avantageuse qui en
faisait le point de mire des combattants dans les
guerres civiles, elle fut prise, reprise et saccagée
tant de fois que les habitants finirent par l'aban-

dónner. Malgré la certitude de n'y rencontrer personne, on a peine à se faire une idée de l'impression qu'on éprouve dès qu'on a franchi les fortifications. Rien n'est plus lamentable que les places et les rues absolument désertes de cette ville qui contenait jadis plus de dix mille habitants et qui n'abrite guère aujourd'hui qu'une centaine de gitanos : spectacle d'autant plus frappant que le climat en a conservé intactes les habitations et les fortifications. Pour notre part nous n'y avons rencontré que trois pâtres et une vingtaine de chèvres ; c'est une désolation.

Huelva est un port de mer d'une certaine importance, situé à l'embouchure de l'Odiel, à une journée de distance des mines de cuivre de Tarsys et de San-Telmo, dont la Compagnie dite des Mines d'Huelva est concessionnaire. Cette Compagnie, en reprenant l'exploitation de ces mines abandonnées depuis des siècles, a rendu un éminent service au pays en y ramenant la vie industrielle ; elle y emploie près de deux mille ouvriers. De la gare d'embarquement de son minerai d'exportation au port d'Huelva, il n'y a qu'un pas : d'où il suit que cette ville a largement profité du bien-être résultant des travaux de cette Compagnie. Si à cette considération on ajoute que là, comme dans toutes les villes de province, chacun se tient au courant de ce qui se passe chez le voisin, que l'ingénieur de la Compagnie avait fait quelques préparatifs pour nous recevoir, qu'enfin nous voyagions en un équipage à quatre chevaux conduits par un majoral qui ne manqua pas de faire claquer son fouet, on comprend facilement la sensation que produisit notre arrivée en ville. On nous considéra comme des personnages d'importance, puis bientôt on nous appelait les maîtres de la mine, on nous saluait au passage, et les soldats présentaient les armes à M. Chevalier qui portait à sa boutonnière le ruban de la Légion d'honneur. Dès ce moment, bon gré, mal gré, les délégués de la Compagnie entraient en scène, les préoccupations d'affaires s'imposèrent et prirent le dessus sur les distractions du voyage. Néanmoins l'absence de l'ingénieur de la Compagnie nous valut encore un jour de répit : il avait chargé son secrétaire de nous faire, en son absence, les honneurs de sa maison, où il ne devait rentrer que vingt-quatre heures plus tard. En conséquence ce jeune homme nous proposa d'aller visiter par mer le couvent de la *Rabida* et, chemin faisant, de donner la chasse aux mouettes et autres oiseaux du littoral, ce qui fut accepté d'emblée. Dès le lendemain matin, à la basse mer, nous partions pour la Rabida, sur un bateau monté par six vigoureux matelots.

Le couvent de la Rabida est situé à quelques kilomètres d'Huelva ; il est bâti sur le haut d'un monticule, au bord de la mer ; il domine, il est vrai, un panorama immense, mais il n'a pas en lui-même de quoi exciter la curiosité ; sa célébrité provient de ce que c'est là que Christophe Colomb est mort. C'est un lieu de pèlerinage pour les marins. Les bâtiments en ont été restaurés aussi par le duc de Montpensier, qui l'a décoré, en outre, de quelques tableaux, assez médiocres, représentant les principaux événements de la vie du héros. Sous le rapport de la curiosité, notre promenade a tenu ses promesses, et je ne parlerais pas de la chasse, si je ne m'étais promis de dire toute la vérité : trop imbu sans doute de cet aphorisme, « qu'un bon chasseur ne prête ni son chien ni son fusil », notre amphitryon par intérim garda pour son usage exclusif et personnel la seule carabine qui fût à bord, et ce au détriment de son amour-propre, car il ne put atteindre un seul des oiseaux qu'il tira.

« *Como yama este pueblo?* quel est le nom de ce village ? » Voilà comment je me surprenais à parler espagnol sur la route des mines. Vraisemblablement mon orthographe espagnole manque tant soit peu de correction ; j'en demande pardon aux érudits, mais que voulez-vous ? je ne puis résister à l'envie de transcrire ici cette phrase, mon triomphe ; c'est la seule que j'aie jamais pu faire comprendre à notre cocher, tandis que de mon côté, de tout le baragouin de ce majoral, je n'ai pu saisir que ces trois mots « *Jesus, que calor ! Jesus, que calor !* » vingt fois répétés, accompagnés d'un geste indiquant clairement le besoin de se rafraichir, ce qui ne me permet guère de tirer vanité de mon intelligence. Quoi qu'il en soit, la réponse de ce majoral ne se fit pas trop attendre. C'était Gibra-Leon, joli village assis sur les bords d'une rivière traversée par un pont de construction romaine ; le tout noyé dans une forêt d'aloès d'une dimension étonnante pour nous, habitués à les voir végéter, en notre climat, presque au ras du sol tandis que les feuilles de ceux qui entourent Gibra-Leon mesuraient jusqu'à 3 mètres de longueur et les tiges fleuries jusqu'à 5 mètres de haut.

Après avoir traversé tant de plaines de sable dépourvues d'intérêt, une compensation nous était réservée en cette oasis : outre le charme de ce pittoresque village, l'entrepreneur chargé de transporter au port d'embarquement le minerai de notre Compagnie nous fit la surprise de nous inviter à déjeuner. Ce digne homme qui frisait la cinquantaine, prévenu de notre passage, s'était mis en frais de toilette pour nous ; il portait une veste bleue, courte de taille, agrémentée de boutons ronds en argent, dessous une large ceinture rouge contenant avec peine une rotondité plus que respectable, une culotte bleue aussi, attachée aux genoux par des aiguillettes d'argent, et des bas blancs dans des chaussures·de bufle jaunes. C'était un vrai régal, du moins pour les yeux, sinon pour l'estomac ; le jour choisi pour cette frairie tombait malheureusement un jour de jeûne, ce qui engagea partie d'entre nous à rester sur la réserve.

Vers la fin de la journée, harassés de fatigue, de chaleur, et étourdis par l'odeur âcre des plantes aromatiques qui bordent le chemin, nous atteignions le plateau de la montagne où s'exploitait les mines de la Compagnie. On nous avait préparé une entrée triomphale : cinq ou six réfugiés politiques français, chargés de l'exploitation, vinrent à cheval à notre rencontre, et nous firent escorte. Dès que les ouvriers groupés par centaines aux abords des ateliers aperçurent notre cortège, ils se mirent à pousser des cris de joie, en un langage moitié français, moitié espagnol : « *Viva les mestras de la mina ! Viva la mina !* Et les bras de s'agiter et les bonnets de voler en l'air. Ces braves gens étaient fascinés par la vue de notre équipage ; de mémoire d'homme on n'avait vu pareille splendeur en ces parages. A vrai dire, ce splendide équipage n'était qu'une de ces anciennes voitures à volonté, autrement dites coucous, faisant jadis le trajet de Paris à Saint-Cloud et réciproquement. Il faut reconnaître toutefois que la caisse de notre voiture portait encore quelques traces de peinture similor, et qu'elle était attelée de quatre chevaux, circonstances atténuantes qui expliquent l'enthousiasme de nos ouvriers.

Il serait hors de propos de parler ici des mines ; les questions relatives à leur étendue, à leur richesse, à leur mode d'exploitation et autres détails de même nature n'intéressent que les actionnaires de la Compagnie, qui en ont les oreilles rebattues. Mais comme c'est pendant le séjour que nous avons fait sur les mines que j'ai complété les renseignements, que j'avais déjà recueillis à part moi, sur la situation des ouvriers et l'administration du pays, je crois utile d'en dire quelques mots.

L'état dans lequel croupissent les ouvriers espagnols dépasse l'imagination. Ils sont d'une nonchalance invincible ; leur devise, qui est du reste celle de tout le pays, c'est que le travail est déshonorant. Avec de pareils principes, on comprend dans quel abîme de misère ils sont tombés et à quelle routine ils sont fatalement condamnés. C'est au point qu'en 1857 ces malheureux ouvriers en étaient encore à ne pas vouloir se servir de pelles et de brouettes pour travailler la terre. Depuis un temps immémorial ils avaient l'habitude, pour enlever la terre, de se servir de paniers et de raclettes triangulaires, assez semblables à celle des ramoneurs; rien n'a pu encore les décider à changer leurs outils et leur manière de faire.

Aux mines de la Compagnie d'Huelva, malgré des expériences répétées, malgré des encouragements de toutes sortes, c'est à peine si, sur 1.800 à 2,000 ouvriers qu'on y emploie, on a pu obtenir de 16 ou 17 d'entre les hommes faits qu'ils consentissent à se servir de pelles et de brouettes. On n'a pu réussir qu'avec les enfants.

Cette paresse proverbiale s'explique, sans se justifier, bien entendu, par la chaleur du climat et le défaut de besoins : ils sont vêtus d'ignobles manteaux usés, troués, déchiquetés; ils vivent de rien, 3 sols par jour leur suffisent. Il en résulte qu'ils ne travaillent que deux jours par semaine et dorment le reste du temps.

La journée de travail est de dix heures, dont

trois sont consacrées aux repas et, à chacune des sept heures qui restent, le travail est interrompu sept fois, pendant un quart d'heure, pour laisser le temps aux ouvriers de fumer la cigarette! Ceux qui savent ce que c'est que la mise en train dans un atelier comprennent, dès lors, quelle utile et bonne besogne se fait pendant le temps qui reste pour le travail effectif. Aussi le prix de la journée d'homme est de 23 sols; disons-le franchement, c'est encore trop pour la besogne faite.

On donne 6 francs par jour à ceux des ouvriers français qui passent la frontière et, d'ordinaire, on les prend immédiatement pour chefs d'équipe.

Les ouvriers espagnols vivent en assez bonne intelligence avec les Français, au contraire de ce qui arrive avec les Anglais; la fierté espagnole ne s'accommode pas de l'orgueil britannique. D'autre part, les Espagnols considèrent comme une honte pour eux l'établissement des Anglais à Gibraltar, d'où ils les inondent de marchandises de contrebande, ce qui froisse à la fois leurs intérêts matériels et leurs sentiments patriotiques. De là l'animosité persistante entre les deux peuples. Il en résulte qu'on ne rencontre pas, pour ainsi dire, de touristes anglais, alors qu'ils sont si nombreux dans les autres pays, et que ce sont des Français

qui sont en Espagne à la tête de l'industrie étrangère. Ainsi ce sont nos compatriotes qui ont construit les premiers chemins de fer espagnols : ce
qui me remet en mémoire un détail assez caracté-
ristique de la fierté dont je viens de parler. Lors de
l'ouverture des chemins de fer, aucun employé
espagnol ne voulut consentir à crier le nom des
stations lors des temps d'arrêt ; par ce trait, jugez
du reste !

Les réformes à opérer dans l'administration du
pays ne sont pas moindres que celles à faire pour
améliorer les conditions du travail : La vénalité y
règne en tout et partout ; elle est tellement ancrée
dans les mœurs, que ceux-là mêmes qui en sont les
victimes la considèrent comme la chose la plus
simple et la plus naturelle. Un propriétaire voisin
des mines, d'origine étrangère, nous en donna une
preuve. Depuis longtemps, il était en marché avec
l'ayuntamiento d'une commune voisine pour l'achat
d'un terrain communal ; impossible de rien con-
clure, malgré l'offre d'un prix supérieur à la valeur
vénale de ce terrain. Se trouvant par hasard un
jour avec l'alcade, de guerre lasse, il l'apostrophe
en lui disant : « Voyons, nous ne pourrons donc
jamais nous entendre? » Mons alcade, comprenant
qu'il lui offre un pot-de-vin, lui répond aussitôt :

« Ah ! si c'est ainsi que vous l'entendez, nous pouvons nous arranger ! » Et, effectivement, l'affaire s'arrangea ; le prix du terrain fut fixé à 200,000 réaux dont 150,000 payables de suite et le surplus à terme ; immédiatement, les principaux de la commune d'accourir et de supplier l'acquéreur de payer la totalité de son prix comptant : « Nous savons, disaient-ils, qu'il faut que les autorités aient leur part, parce qu'il est juste que le prêtre vive de l'autel (charmante interprétation de l'Évangile). On nous donnera certainement une quote-part de ce que vous allez payer maintenant, mais nous ne toucherions jamais un sol du reliquat payable à terme. » Il paraît qu'en tout et pour tout, fonctionnaires, autorités de tout rang, de tout grade, depuis le dernier jusqu'au premier degré de l'échelle, reçoivent des pots-de-vin, c'est connu, accepté, personne n'y trouve à redire. C'est la plaie du pays. Le discrédit dans lequel sont tombées les finances de l'Espagne provient en grande partie de cette vénalité éhontée.

Les mines inspectées, les notes pour le rapport à faire aux administrateurs de la Compagnie rassemblées, nous n'avions rien de mieux à faire, en ce pays perdu, que de reprendre la route de Séville : ce qui se fit sans retard, suivant au rebours le chemin par lequel nous étions venus. Rien de plus à dire de cette route que ce que nous en avons déjà rapporté. Comme la première fois, il nous fallut passer la nuit à une journée de Séville, à la fonda de la Palma. L'hôtelier était un rusé compère : au départ, tout en se faisant bien payer, ses exigences n'avaient rien eu d'exorbitant, il nous attendait au retour. Peu satisfait de la cuisine de notre hôte, l'un de nous eut l'idée de préparer lui-même notre repas composé de provisions que nous avions apportées, de quelques œufs et de quelques épices fournis par cet honnête aubergiste. Le lendemain, il nous fit payer 125 francs pour l'hospitalité qu'il nous avait donnée; il est vrai que nous avions couché six dans la salle du festin. Il y avait de quoi nous surprendre, bien qu'à Valence, à Madrid et à Séville même, on nous eût déjà fait payer 40 centimes pièce des oranges et des grenades, et le jambon 6 francs la livre. On voit qu'en Espagne il n'y a pas à se garer que des voleurs de profession.

Le 20 novembre, nous étions de retour à Séville; on nous y avait adressé des nouvelles inquiétantes de la santé du père de M. Gravelle. Son fils, notre compagnon de voyage, voulut repartir le soir même pour Madrid, où on lui annonçait qu'il recevrait d'autres nouvelles de l'état de son père. Malgré son insistance pour nous faire continuer notre voyage, pour rien au monde nous n'eussions voulu le laisser retourner seul en France en pareil cas : de sorte qu'il nous fallut renoncer à voir Grenade et Tolède, que nous avions réservées pour la fin.

Dans la pensée que les nouvelles adressées à Séville n'étaient que pour préparer notre ami à en recevoir de plus fâcheuses encore, nous avions écrit de notre côté en France, afin de connaître la vérité, et, le 25 novembre, nous recevions à Madrid la confirmation du décès de cet excellent homme.

On peut dire qu'à partir de ce moment notre voyage était terminé. Il n'y eut plus de repos pour nous que nous ne fussions rentrés en France ; voyageant de jour et de nuit, nous ne pouvions plus nous intéresser qu'aux choses que les arrêts forcés du *correro real* nous permettraient de voir en passant. Nous rentrions en France par la Navarre et Bayonne, d'une seule traite.

Partis le 25 novembre au soir de Madrid, nous étions le 27 à Burgos, après un voyage très fatigant, gelés durant la nuit, souffrant d'autant plus du froid que, quelques jours avant, nous quittions l'Andalousie par 22 degrés de chaleur. Nous avons pu faire une visite sommaire de la cathédrale de Burgos, éclatante de blancheur, énorme, chargée de sculptures et de clochetons innombrables.

Enfin, passant par Vittoria, grande ville en projet seulement, Fontarabie, dernière ville frontière, conservant le caractère espagnol, Saint-Sébastien, ville toute moderne, à l'aspect anglais, nous arrivions par une route charmante à Béhobie, brisés de fatigue, de là à Bayonne; et à Paris par le chemin de fer, jouissant d'un confortable dont nous avions perdu l'habitude dès notre sortie de France.

Tel est le récit exact de la pointe que nous avons faite en Espagne.

Ce qui nous a le plus frappés dans ce malheureux pays, c'est l'état de décadence où il est tombé, un esprit de routine invincible, une aversion pour le travail, qui l'empêche de se relever, et un manque absolu de tout confort qui en éloigne ceux qui ne voyagent que pour leur plaisir.

Paris. — Typ. Pillet et Dumoulin, 5, rue des Grands-Augustins.